Für James, Sophie und Henry   V.T.

Titel der englischen Originalausgabe:
What Can You See? On Christmas Night
2009 Lion Hudson plc
Wilkinson House, Jordan Hill Road,
Oxford OX2 8DR, England
www.lionhudson.com
© Text: 2009 Victoria Tebbs
© Illustrationen: 2009 Russell Julian

Ins Deutsche übertragen von Irmtraut Fröse-Schreer

Deutsche Ausgabe:
© 2010 Brunnen Verlag Gießen
www.brunnen-verlag.de
Satz: DTP Brunnen
Gedruckt in Malaysia
ISBN 978-3-7655-6881-7

Das allererste Weihnachtsfest

Victoria Tebbs *Illustrationen von* Russell Julian

Vor etwa 2000 Jahren machten Maria und Josef eine weite Reise. Sie waren viele Tage unterwegs von Nazaret nach …

… Bethlehem. „Wo sollen wir bloß übernachten?", fragte Maria. Sie war hochschwanger. Josef klopfte an viele Türen, doch niemand hatte Platz für die beiden.

Doch endlich trafen Maria und Josef einen freundlichen Wirt.
„In meinem Gasthaus habe ich kein Zimmer frei", sagte er.
„Aber kommt mit mir nach draußen."

Maria und Josef folgten ihm in den Hof.
Der Wirt führte sie ...

Draußen auf den Feldern vor der Stadt hüteten einige Hirten ihre Schafe.

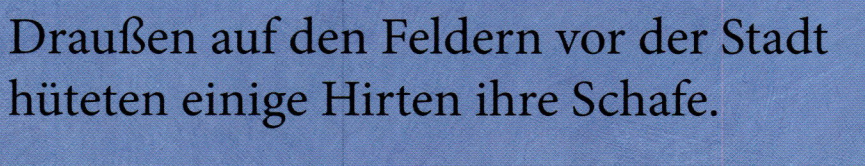

„Was ist das?", fragte ein kleiner Hirtenjunge.
Die Männer schauten auf und trauten ihren Augen nicht:

Der ganze Himmel erstrahlte in gleißendem Licht.

Friede auf Erden!

baa

Und den Menschen ein Wohlgefallen!

„Wir bringen gute Neuigkeiten", rief ein Engel.
„In Bethlehem wurde ein Kind geboren: Gottes Sohn.
Ihr findet ihn in einem Stall."

Die Hirten ließen ihre Herde zurück und eilten sofort nach Bethlehem. Durch ein Fenster sahen sie …

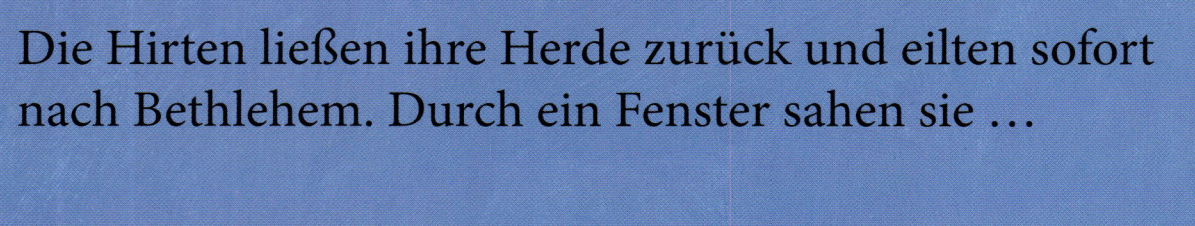

… das kleine Jesuskind! Es lag in einer Futterkrippe, die in einem Stall stand – wie der Engel es gesagt hatte.

… einen besonders hellen Stern. „Er ist das Zeichen, auf das wir so lange gewartet haben!", riefen sie.
„Ein bedeutender König ist geboren. Wir müssen ihn finden!"

Die weisen Männer reisten viele Tage und Nächte, immer dem hellen Stern nach. Endlich blieb der Stern stehen, und die Gelehrten waren am Ziel: beim neugeborenen König, …

Ich bringe Myrrhe.

Ich habe Weihrauch für das Kind.

Von mir bekommt es Gold.

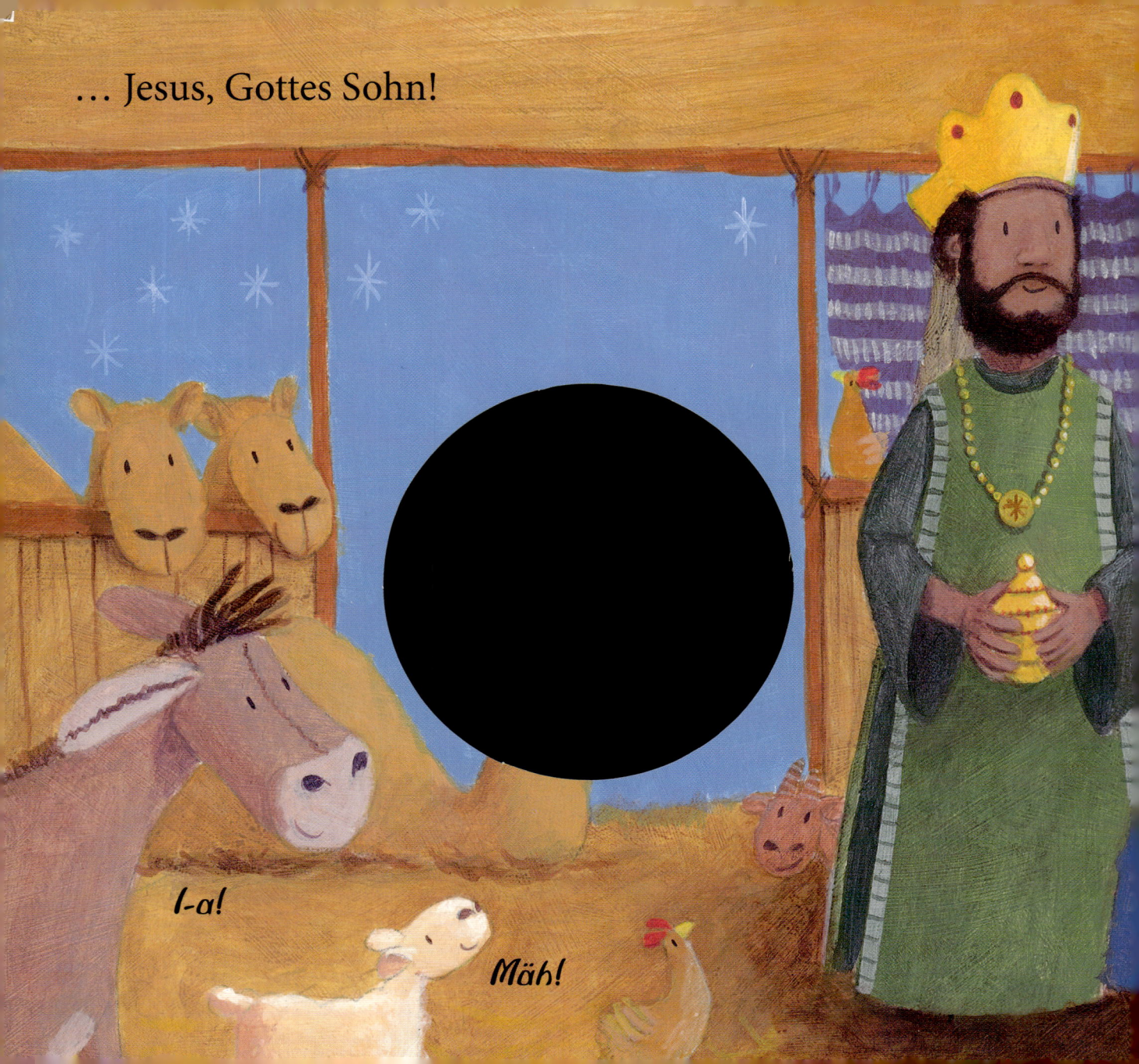

Seit dieser ersten Heiligen Nacht
feiern die Menschen Weihnachten.
Sie freuen sich über den Geburtstag von Jesus,
den Sohn Gottes und Retter der Welt.